AF236619

Mitarbeitermotivation lernen & umsetzen

Das Praxisbuch

Wie Sie als Führungskraft die perfekten Mitarbeiter finden, diese nachhaltig motivieren und als Team Höchstleistungen erbringen

Thorsten Mössinger

INHALT

Das erwartet Sie in diesem Buch

Was erwarten Sie sich von diesem Buch? Die Tür geht auf, die Augen strahlen voller Erwartung, die Erwartung der Erschaffung und der pausenlosen Arbeit. Der Chef tritt ein und die Menge ist am Applaudieren, denn sein Gesicht zeigt, das sich die letzten Monate der schlaflosen Nächte gelohnt haben. WIR, genau das ist das richtige Wort, wir haben es erschaffen, den Erfolg, gemeinsam.

Gründe für ein erfolgreiches Unternehmen gibt es viele, einer der wichtigsten bleibt jedoch der einzelne

Mitarbeiter und seine Motivation. Warum? Das werde ich Ihnen in diesem Buch erklären.

Durch eine Selbstanalyse helfe ich Ihnen dabei, der Chef zu werden, der gemeinsam mit seinem motivierten Team erfolgreich wird.

In dem kleinen Wort Mitarbeitermotivation steckt ein großes Erfolgserlebnis, mit einfachen Schritten werden Sie lernen, wie Sie das Beste aus jedem Mitarbeiter herausholen können.

Sie werden herausfinden, wie Sie mit großem Vertrauen und kleinen Gesten Ihre Mitarbeiter so motivieren, dass beide Seiten mit Erfolg und Zufriedenheit den gemeinsamen Weg gehen werden.

Für Sie bedeutet es keineswegs, sofort das Portemonnaie zu öffnen. Der Sinn der Mitarbeitermotivation beginnt ganz woanders und zeigt viel mehr Erfolge als eine einfache Gehaltserhöhung.

Warum ich Ihnen das erzähle? Wir vergessen leider immer wieder das Problem des eigenen Misserfolgs. Wir suchen an einer verkehrten Stelle und niemals am eigentlichen Kern. Also beginnen wir jetzt, den Fehler in der Tiefe zu analysieren und bei uns selbst zu korrigieren. Was können wir tun, um verschiedene Mitarbeiter so zu motivieren, dass der gemeinsame Erfolg im Vordergrund steht? Wie können wir eine festgefahrene Situation so ändern, dass alle wieder einen Grund haben, gemeinsam erfolgreich zu sein? Wie kann ich aus meinen Mitarbeitern das Beste herausholen?

Sie sind skeptisch, aber dennoch interessiert? Dann wird es Zeit für Sie, dieses Buch weiterzulesen und zu lernen, worauf es wirklich ankommt, wenn man gemeinsam erfolgreich sein möchte.

Dieses Buch beschreibt mitunter eigene Erfahrungswerte und die Sicht auf ein motivierendes Erfolgserlebnis, denn jeder Mensch strebt nach Erfolg! Wie man es in der Realität umsetzt und auch als Chef nicht allein kämpfen muss, werde ich Ihnen mit auf den Weg geben.

Jetzt sind Sie dran: Nur Sie können Ihren Erfolg maximieren, wenn Sie ein Team bilden.

Was ist Motivation

Wir unterscheiden zwischen zwei Arten von Motivation, die intrinsische Motivation und die extrinsische Motivation.

Die **intrinsische Motivation** kommt aus dem Inneren heraus und verfolgt Ziele wie Stolz, Begeisterung und Spaß. Die intrinsische Motivation wird in verschiedene Gruppen eingeteilt. Darunter finden wir die Autonomie, das Verlangen, sein Leben selbst zu bestimmen. Auf den Mitarbeiter bezogen, ist es das Verlangen nach Freiheit im Beruf und Projekte mit eigenem Interesse auszuführen. Dadurch werden die eigene Persönlichkeit und das Privatleben hervorgehoben und sogar unterstützt. Verteilt man eine Aufgabe, die zum Beispiel ein Hobby von dem Mitarbeiter integriert, fällt die Arbeit gleich viel einfacher und macht auch noch Spaß dabei. Auch die Sinnhaftigkeit spielt eine große Rolle, denn einem Mitarbeiter das Gefühl zu geben, an etwas Wichtigem zu arbeiten, stärkt die Motivation von innen. Erfährt der Mitarbeiter den Sinn und den Zweck seiner Arbeit, wird das Verständnis vergrößert und der Mitarbeiter ist motiviert, ein Ziel zu verfolgen.

Viele Mitarbeiter fragen sich, was sie eigentlich in der Firma bezwecken und wohin das Ziel ihrer Aufgabe am Ende führt. Wenn man diese Fragen positiv beantwortet, fühlt sich der Mitarbeiter sofort dazugehörig und als ein wichtiger Teil der Gemeinschaft. Positive Beziehungen sind auch eine Art der intrinsischen Motivation, durch Zeigen von Gefühlen und eine positive Arbeitseinstellung wird der Mitarbeiter unterstützt und seine Eigenmotivation steigt an. Am Ende ist es wichtig, dass man kleine Erfolge anerkennt, die großen Ziele gemeinsam feiert und seinen Mitarbeitern zu verstehen gibt, dass jeder Einzelne einen wichtigen Teil im Betrieb einnimmt und zum Erfolg beigetragen hat.

Kommen wir zur **extrinsischen Motivation**, diese wirkt von außen. Die extrinsische Motivation kann sich positiv, aber auch negativ entwickeln. Positive Gegebenheiten wären zum Beispiel Belohnungen, Auszeichnungen oder Gehaltserhöhungen. Wenn die intrinsische Motivation fehlt, dauert die extrinsische Motivation nicht lange an. Man muss also ein gesundes Mittelmaß finden zwischen den beiden Motivationstypen.

Dann gibt es leider noch die negative extrinsische Motivation, hier wird durch Druck und Macht die Motivation erzwungen und das hat meistens eine positive Folge. Zum Beispiel verspricht der Chef dem Mitarbeiter eine Prämie, wenn er ein bestimmtes Ziel erreicht. Hört sich am Anfang eher positiv an, jedoch mit einem bitteren Beigeschmack. Der Mitarbeiter versucht nun alles, um diese Prämie zu bekommen, denn nur einer bekommt die Prämie, es entsteht ein Konkurrenzkampf zwischen den Mitarbeitern. Der Chef spielt seine Macht aus und übt Druck aus, um den Mitarbeitern eine bessere Leistung abzuverlangen. Der Grat zwischen positiver und negativer Motivation ist meist sehr gering. Manche Berufe lassen sich auch eher mit der extrinsischen Methode händeln, wie zum Beispiel bei einem Vertriebsberuf. Der Vertrieb lebt von

Verkaufszahlen, nun ist es natürlich sehr einfach, den Mitarbeiter mit einer Prämie zu motivieren anhand steigender Zahlen und Umsätze. Das darf man auch tun, aber man sollte trotzdem im Hintergrund die intrinsische Motivation nicht vergessen. Ohne eine innere Motivation durch Lob und Anerkennung erzielt auch die höchste Prämie nicht den langfristigen Erfolg.

KURZFRISTIGE UND LANGFRISTIGE MOTIVATION UND IHRE ZIELE

Langfristige Zielsetzungen sind unerlässlich. Man sollte aber nicht vergessen, das weitläufige Ziele die Gefahr mit sich bringen, auf dem langen Weg dahin zu scheitern. Die Zeit, zum Ziel zu kommen, ist so lang, dass die Frustrationsgrenze immer kleiner wird. Daher sollte man darauf achten, seinen Mitarbeitern kleine Zwischenziele in absehbarer Zeit einzurichten, sie zu würdigen und auch zu belohnen. Das Erfolgserlebnis steigert sich durch Erreichung kleinerer Ziele. Die Mitarbeiter bleiben motiviert und erreichen nach und nach das langfristige Ziel.

WAS PASSIERT IM GEHIRN

Der Botenstoff Dopamin wird von Nervenzellen im Mittelhirn produziert, dadurch werden verschiedene Teile des Hirns aktiviert, die für die Motivation und das Wohlbefinden sorgen. Das Lustzentrum spielt zusammen mit anderen Teilen des Gehirns eine große Rolle für die Befriedigung, was wir als Freude oder Glück empfinden. Wenn wir die Ziele dann erreicht haben, werden Endorphine als Glückshormon ausgeschüttet. Daher ist das Streben nach Motivation eine Art Sucht für den Körper und wir möchten das Gefühl so oft wie möglich erleben.

Bevor Sie einen dieser Motivationswege einschlagen können, sollten Sie anfangen, sich selbst zu analysieren. Finden Sie heraus, ob Sie in der Lage sind, Ihre Mitarbeiter so zu motivieren, wie es langfristig zum Erfolg führt.

Welcher Typ Chef bin ich eigentlich?

Um zu wissen, wie man seine Mitarbeiter erfolgreich motivieren kann, sollte man vorerst analysieren, welche Persönlichkeit man eigentlich selbst mitbringt. Es gibt viele verschiedene Charaktere eines Vorgesetzten, davon sind die meisten jedoch nicht mehr zeitgemäß und unerwünscht. Sollten Sie sich in einem dieser Charaktere wiedererkennen, rate ich Ihnen, direkt anzufangen, daran zu arbeiten und die Einstellung zu Ihren Mitarbeitern gegenüber anzupassen. Langfristig gesehen, wird Ihnen eines dieser Verhaltensmuster nicht den gewünschten

Erfolg bringen. Macht sollte genutzt werden, aber nie ausgenutzt.

Die Beschreibungen passen nicht zu Ihnen? Dann sind Sie bereits auf einem guten Weg, der Chef zu sein, den sich Ihre Mitarbeiter wünschen. Sie brauchen nur ein bisschen Sicherheit und Selbstvertrauen, Ihre Mitarbeiter mit der richtigen Motivation zu führen.

DER CHOLERIKER

Unangebrachtes Schreien und Ausrasten bei aller Art von Unstimmigkeiten in unregelmäßigen Abständen. In sehr schwierigen Fällen kann Gewalt sogar eine Rolle spielen.

Sie sind unausgeglichen, schnell reizbar und neigen zu Wutanfällen?

Um solchen Situationen aus dem Weg zu gehen oder sogar erfolgreich zu meistern, sollten Sie sich fragen, auf wen oder was Sie eigentlich wütend sind.

Ist es die Äußerlichkeit oder Persönlichkeit Ihres Mitarbeiters oder seine Arbeitsmoral? Oder ist es sogar ein privates Problem, das Ihnen Ihren letzten Nerv raubt? Sind Sie einfach mit der Gesamtsituation unzufrieden und Ihr Mitarbeiter dient Ihnen als Sündenbock? Mit einigen kleinen Tipps können Sie Ihre Situation in den Griff bekommen und Ihre Lebensweise verbessern.

Es ist hilfreich, ein Tagebuch zu führen und die Wutanfälle zu dokumentieren, meist weiß man selbst gar nicht, wie häufig die Ausbrüche vorkommen. Versuchen Sie, offen mit Ihren Mitarbeitern über Ihr Problem zu sprechen, auch wenn es Ihnen schwerfällt. Sie werden durch Ehrlichkeit viel besser verstanden. Wenn Ihr Umfeld das Problem akzeptiert, können Zeichen ausgemacht werden, die einen Ausbruch anzeigen, so wissen alle Beteiligten, dass man sich lieber zurückziehen sollte. Schaffen Sie für sich selbst einen Ausgleich, etwas, das Sie tun können, um einen Anfall zu umgehen. Ein Boxsack im Büro oder eine Art Gehirnjogging, um sich von dem Thema abzulenken. Sollten Sie merken, dass Ihre Wutanfälle nicht mehr händelbar sind, suchen Sie sich therapeutische Hilfe, manchmal kommt man aus diesem Teufelskreis nicht mehr heraus.

DER KONTROLLFREAK

Ständiges Kontrollieren und Korrigieren der Arbeit der Mitarbeiter, immer auf der Suche nach Fehlern.

Sie kontrollieren ständig Ihre Mitarbeiter? Ihnen entgeht kein Fehler und Sie müssen alles korrigieren?

Kontrolle ist gut, Vertrauen ist besser. Sie haben Ihre Mitarbeiter nicht eingestellt, um alles selbst in die Hand zu nehmen. Schenken Sie Ihrem Team Vertrauen, es wird auch Ihnen zugutekommen. Ständiges Kontrollieren löst bei Ihren Mitarbeitern Unsicherheit aus, damit geschehen natürlich Fehler. Genießen Ihre Mitarbeiter Ihr Vertrauen, wird die Arbeit auch ordentlich gemacht. Ein kontrollierter Mitarbeiter lernt die Unselbstständigkeit sehr schnell, was für ihn natürlich negativ ist. Sie lernen, keine Fehler zu machen, da sie vorher korrigiert werden, dabei können sie keine Kritik annehmen, weil Sie nie Kritik bekommen.

Durch Fehler und die nachfolgende Korrektur vom Chef lernen Ihre Mitarbeiter jedoch viel mehr. Die Angst, die Kontrolle zu verlieren, ist sehr groß für Sie, aber Sie verlieren die Kontrolle nicht. Durch gezielte Beaufsichtigung und wertschätzendes Feedback unterstützen Sie Ihre Mitarbeiter und fördern Ihre Motivation.

DER IGNORANTE

Kein positives Feedback oder sogar gar kein Feedback. Gute oder schlechte Arbeit wird ignoriert.

Sie ignorieren die Arbeit Ihrer Mitarbeiter, weil es Sie nicht interessiert?

Das sollte es aber, egal, ob gutes oder schlechtes Feedback, Ihr Mitarbeiter braucht eine Rückmeldung. Ansonsten kommt schnell die „Ist-mir-egal-Einstellung", den Chef interessiert es ja eh nicht. Ein kurzes Lob oder eine nette Korrektur reichen in den meisten Fällen, um den Mitarbeitern Ihr Interesse zu zeigen. Der Mitarbeiter wird aufmerksamer und selbstsicherer, wenn er weiß, dass Sie ihm den Rücken stärken und seine Arbeit wichtig für den Betrieb ist. Feedback ist ein wichtiger Bestandteil der Entwicklung des Unternehmens, mit Feedback weiß Ihr Team, wo es steht und woran noch gearbeitet werden muss. Feedback zu geben, ist eine große Mitarbeitermotivation, auch wenn es nicht immer positives ist.

DER DOMINANTE

Autoritärer Führungsstil und eine entscheidungsfreudige Art. Es zählen nur Fakten, Zahlen und Ergebnisse.

Sie erwarten von Ihrem Team, dass es Ihre Anweisungen linientreu umsetzt – ohne Eigeninitiative?

Höchstwahrscheinlich sind Sie sehr zielstrebig und hochqualifiziert, bei Ihnen gibt es kein Entweder-oder, sondern nur einen Weg des Erfolges. Das hat vielleicht bis jetzt auch immer funktioniert, aber für Ihre Mitarbeiter ist es eher kontraproduktiv. Sie sollten nicht lernen, dass es immer nur einen Weg gibt, sondern dass man durch verschiedene Wege erfolgreich sein kann. Hören Sie sich die Vorschläge und Ideen Ihrer Mitarbeiter an und geben Sie dazu Ihr Feedback. Nicht nur Ihre Meinung ist wichtig, sondern auch die Ihrer Mitarbeiter. Beraten Sie im Team, welche Ideen zum Erfolg führen und welche nicht. Wachsen Sie an

Erfahrungen und geben Sie die Erlaubnis zur Eigeninitiative.

DER KUMPELTYP

Mit allen Mitarbeitern per DU, nach Feierabend ein Bierchen trinken, private Dinge austauschen.

Sie vertrauen Ihren Mitarbeitern alles an und plaudern aus dem Nähkästchen?

Machen Sie das nicht! Viele Dinge könnten gegen Sie verwendet werden. Harmonie im Team ist wichtig, aber Ihr Team braucht auch Ihre Führung. Wenn Sie zu offen mit allem umgehen, dann werden Sie irgendwann nicht mehr ernst genommen. Finden Sie eine gesunde Mitte zwischen Freund und Chef bei der Arbeit. Über private Angelegenheiten darf auch gesprochen werden, aber Sie sollten nicht zu sehr in die Tiefe gehen. Sind Sie eher Freund als Chef im Unternehmen, besteht die Möglichkeit, dass Ihnen Ihre Mitarbeiter auf der Nase herumtanzen. Aufgaben werden nicht erledigt und auf morgen verschoben. Der Erfolg leidet unter Ihrer fehlenden Führung. Sie können auch ein freundlicher Chef sein, aber Sie sollten trotz allem immer die Führung im Auge behalten.

DER UNRUHESTIFTER

Der Chef taucht auf, die Hektik beginnt, dann läuft alles schief.

Sie versuchen, Ihren Mitarbeiter zu erklären, wie Sie Ihre Arbeit richtigzumachen haben, aber das läuft meistens aus dem Ruder?

Dann halten Sie sich zurück, Sie können nicht alles wissen und jede Abteilung unterstützen, dafür haben Sie Ihre Abteilungsleiter. Machen Sie denen nicht Ihre Position streitig, denn das brauchen Sie nicht, denn Sie sind der Chef. Sollten Sie mit der Arbeit einer Abteilung nicht zufrieden sein, dann suchen Sie das Gespräch mit Ihrem zuständigen Mitarbeiter. Ihre Aufgabe besteht darin, das Team zu führen und gemeinsam einen Weg zum Erfolg zu finden. Jeder im Team hat eine eigene Aufgabe, Sie sind der Chef, also koordinieren Sie die Abläufe Ihres Teams, soweit Sie dazu in der Lage sind. Sollten Sie nicht genug Hintergrundwissen für eine Aufgabe haben, dann beauftragen Sie

Ihren Abteilungsleiter, die Abläufe zu kontrollieren und lassen Sie sich eine Rückmeldung geben. Die Rückmeldung im Team einzufordern, fördert auch die Motivation und ist keineswegs ein Indiz für Ahnungslosigkeit.

DER JASAGER

Auf einmal war kein Mitarbeiter mehr an seinem Platz.

Sie sagen gern „ja" zu Ihren Mitarbeitern, ohne sich Gedanken über die Konsequenzen zu machen?

Ja zu sagen, ist nicht falsch, aber hören Sie sich doch bitte genau an, was Ihr Mitarbeiter von Ihnen verlangt. Sie können nicht alle Mitarbeiter zusammen in den Urlaub schicken oder jede Idee in den Betrieb einbeziehen. Nein zu sagen, ist keine Schwäche, sondern zeugt von Stärke, wenn man einen anderen Vorschlag dazu bringt.

Ein Chef, der immer ja sagt, macht sich zu viele Gedanken darüber, wie er bei seinen Mitarbeitern ankommt, oder ihm ist es schlichtweg egal, was in seinem Betrieb passiert.

Beide Varianten helfen Ihnen bei Ihrem anzustrebenden Erfolg nicht weiter. Ihre Mitarbeiter werden es Ihnen nicht übel nehmen, wenn ein Nein fällt, denn Sie sind der Chef und Sie tragen die Verantwortung.

DER TYRANN

Mitarbeiter gegeneinander aufzuhetzen, damit das Konkurrenzdenken steigt und der eigene Erfolg im Mittelpunkt steht.

Sie üben Druck in Ihrem Team aus, damit die Arbeit zum Konkurrenzkampf wird?

Es wird immer jemand aufgeben und das Team verlassen wollen. Zu hoher Druck im Team schwächt die Gemeinschaft und Ihre Mitarbeiter fangen an, gegeneinander zu arbeiten. Der Erfolg steigt vielleicht im ersten Moment, aber umso unzufriedener Ihre Mitarbeiter sind, umso mehr sinkt die Rezensionen der Kundschaft. Konkurrenzkampf findet man sehr häufig im Vertrieb und in Berufen, bei denen mit Provisionen gearbeitet wird. Viele Chefs erhöhen den Druck, um bessere Verkaufszahlen zu erzielen und sich mit den Lorbeeren zu schmücken. Vorgesetzte, die selbst das

Gefühl haben, der Aufgabe nicht gewachsen zu sein, sind zu den Mitarbeitern meist unausstehlich. Machen Sie sich Gedanken darüber, ob es ein Problem für Sie wäre, wenn Ihre Mitarbeiter mehr für Ihren Erfolg getan hätten als Sie selbst.

Auch, wenn es kein Team bei Ihnen gibt, dass jeden Tag zusammen im Büro sitzt, sind Sie trotzdem eine Gemeinschaft. Mit gemeinschaftlichem Denken und gemeinsamen Arbeitsabläufen wird man als Betrieb erfolgreich und nicht nur der eine oder der andere Mitarbeiter oder Chef. Ein Team bringt viel mehr positive Zahlen als nur ein einzelner Mensch.

Welche Mitarbeiter Typen gibt es und wie kann ich sie motivieren?

Nicht jeder Mitarbeiter lässt sich auf die gleiche Art und Weise motivieren. Der eine braucht viel Vertrauen und der andere mehr Unterstützung und Führung. Es gibt Mitarbeiter, die lassen sich leicht motivieren, bei anderen hingegen ist die Motivation gefühlt unmöglich. Anhand verschiedener Mitarbeitertypen und dazugehöriger Motivation möchte ich Ihnen helfen, sich auf Ihre unterschiedlichen Mitarbeiter einzustellen und ihnen gerecht zu werden.

DER SOZIALE

Die zwischenmenschliche Beziehung und die Harmonie am Arbeitsplatz stehen an oberster Stelle. Gemeinschaftliche Aufgaben bewältigt der soziale Mitarbeiter sehr gut, er steht seinen Kollegen immer mit Rat und Tat zur Seite und vergisst dadurch leider öfter seine eigenen Aufgaben. Er hat eine hohe Empathie im Team und fungiert als Vertrauensperson. Sie können diesen Typen motivieren, indem Sie Teamarbeitsplätze oder eine Teamarbeitszeit anschaffen. Erklären Sie ihm Entscheidungen seriös und realistisch und seien Sie immer ehrlich. Geben Sie ihm vor dem nächsten Teamevent eine Aufgabe, die er für die Gemeinschaft organisieren muss und die bei dem Event ein Ablaufpunkt sein wird.

DER MACHER

Ein leidenschaftlicher Mitarbeiter, der seine eigenen Strategien entwickelt, um die Aufgaben effektiv zu lösen. Er präsentiert euphorisch sein Ergebnis und ist stolz darauf. Jedoch arbeitet er lieber allein, anstatt andere Mitarbeiter anzuleiten. Er neigt dazu, die Arbeit anderer sehr kritisch zu kontrollieren und versucht, seinen Stil in den Vordergrund zu stellen. Der Macher braucht viel gutes Feedback, um sich wohlzufühlen und motiviert zu sein. Geben Sie ihm die Aufgabe, ein Seminar für die Kollegen zu erarbeiten und es vorzutragen, damit kann er sein Wissen an die anderen Mitarbeiter weitergeben, ohne dass er seine Arbeit teilen muss.

DER WORKAHOLIC

Ein ehrgeiziger Mitarbeiter, der den Betrieb und sich selbst voranbringen muss. Er hat ein hohes Arbeitspensum und ist sich für Überstunden nicht zu schade. Dieser Mitarbeiter ist 24 Stunden einsatzbereit und kann nicht nein sagen. Eigentlich der perfekte Mitarbeiter für jedes Unternehmen. Jedoch kann es auch krankhaft werden. Ein Workaholic arbeitet so viel und intensiv, dass er schnell ausgebrannt ist. Diese Arbeitsmethode kann bis zum Burn-out führen.

Teilen Sie diesem Mitarbeiter genau die Arbeit zu, die er in seiner vertraglichen Arbeitszeit zu erledigen hat. Schreiben Sie eine To-do-Liste oder Ähnliches, anstatt ihn selbst das Arbeitspensum entscheiden zu lassen. Dieser Typ ist schwer zu motivieren, ohne ihm noch mehr Arbeit zu geben. Seminare oder Weiterbildungen, die außerhalb des Betriebes stattfinden, können Ihrem Mitarbeiter helfen, aus seinem Tunnel auszubrechen.

DER ÜBERFLIEGER

Seine Stärke zeigt sich in Eigenpräsentation und Egoismus. Der Überflieger prahlt gern mit seinen Erfolgen und hält sich für den Größten. Der Mitarbeiter ist meist mit seiner Arbeit unterfordert, er erledigt alles schnell und präzise und wird von anderen Mitarbeitern meist als hochnäsig oder allwissend hingestellt. Sie als Chef sollten ihn zügeln und ihm klarmachen, dass der Erfolg nicht von einem einzelnen Mitarbeiter abhängt, sondern vom Team.

Dieser Typ ist von Haus aus motiviert und verliert diese Motivation in der Regel auch nicht so schnell. Sie sollten einen Weg finden, Ihren Überflieger auch im Team zu motivieren. Sicherlich gibt es Mitarbeiter bei Ihnen, die eine Fähigkeit haben, die der Überflieger nicht hat. Bilden Sie ein Team zusammen mit diesen unterschiedlichen Charakteren und der Überflieger wird sehen, dass auch er nicht alles kann, aber dass es im Team immer funktionieren wird und man gemeinsam alles schafft.

DER UNSCHEINBARE

Niemand nimmt diesen Mitarbeiter wahr, er macht seine Arbeit, aber fällt nicht großartig auf. Eigentlich möchte er viel mehr erreichen, aber ihm fehlt das nötige Selbstvertrauen, um es den Chef wissen zu lassen. Diese Mitarbeiter halten sich eher im Hintergrund und haben meist keine eigene Meinung.

Die Ansätze ihrer Arbeit sagen jedoch mehr aus, es fehlt nur der Mut, es zu konkretisieren. Ein bisschen Druck dürfen Sie dann schon mal ausüben. Geben Sie diesem Mitarbeiter ein eigenes Projekt und stärken Sie sein Selbstvertrauen mit Unterstützung. Umso öfter er merkt, dass seine Arbeit gewürdigt und belohnt wird, umso mehr wird er aufblühen.

Wie finde ich den perfekten Mitarbeiter

DAS RECRUITING

Bevor wir zur konkreten Mitarbeitermotivation kommen, muss natürlich erst einmal die Basis geschaffen werden. Wir beginnen mit der Mitarbeitermotivation bereits beim Aussuchen des Mitarbeiters. Sie wollen eine große Auswahl an Bewerbern haben, um sich den besten aussuchen zu können. Genau in diesem Moment können Sie bereits punkten. Mit einer außergewöhnlichen Stellenanzeige, die nicht mehr überlesen wird, sondern die den Wow-Effekt hervorruft. Der Mitarbeiter identifiziert sich sofort mit Ihrem Unternehmen, für ihn kommt nur noch dieser Betrieb infrage. Der Grund hierfür ist simpel: Sie müssen die Bedürfnisse Ihres zukünftigen Mitarbeiters erkennen und diese befriedigen. Das Zauberwort heißt Benefits.

Da es heutzutage viele digitale Plattformen gibt und man nicht mehr in der Zeitung nach einem Job suchen muss, haben wir viele Möglichkeiten, unseren Betrieb in den Vordergrund zu stellen. Ob Facebook, Instagram oder Twitter, die Menschheit ist im Internetfieber, gerade die jüngere Generation. Wer liest sich denn heutzutage noch eine langweilige Stellenanzeige durch? Genau! Nicht viele Menschen. Es kommt auch immer auf die offene Stelle an und wen man sucht. Aber in den meisten Fällen suchen wir interessante junge Bewerber, die unser Unternehmen bereichern. Meine persönliche Erfahrung sagt, dass es viel einfacher ist und viel mehr Menschen anspricht, wenn man offensiver mit Onlinepräsentation arbeitet, wie zum Beispiel mit einer Videovorstellung. Sie haben richtig gehört: ein Videoclip.

Denken Sie mal an unsere heiß begehrten Gummibärchen, sofort haben Sie die richtigen Bilder mit dem dazugehörigen Slogan im Kopf. Oft sieht man Jugendliche aber auch junge Erwachsene, die ständig Ihr Handy in der Hand halten, um sich die neusten Videos auf Facebook und Co. anzusehen. Genau dieses Phänomen können wir nutzen, um auf unseren Betrieb aufmerksam zu machen.

Mein Team hat eine personalisierte Stellenanzeige in Form eines Videos erstellt. Das gehört zu einer meiner persönlichen Motivationsmethoden für die Mitarbeiter meines Unternehmens: Mitarbeiter werben Mitarbeiter. Im wöchentlichen Montagmorgen-Meeting wurde gerätselt, wie wir neue Mitarbeiter rekrutieren können. Das Brainstorming begann direkt im Team vor Ort. Es waren sehr viele gute Ideen dabei und wir haben uns gemeinsam auf das Video geeinigt.

Wir sammelten also ein paar interne, freiwillige „Schauspieler" für unser Mitarbeiterprojekt. In unserem Bewerber-Video erklärten meine Mitarbeiter die Aufgaben in unserem Unternehmen und stellten es vor. Es wurden auch die Vorteile erwähnt, die man als Mitarbeiter bei uns hat. Da wir mehrere Abteilungen verstärken wollten, haben wir Mitarbeiter aus verschiedenen Bereichen gewählt, um jedem Interessenten die jeweilige Abteilung schmackhaft zu machen.

Das Recruiting-Video wurde auf den gängigsten Plattformen hochgeladen und hatte eine sehr gute Resonanz. Auf die Frage, warum sich die Bewerber für uns entschieden hatten, wurde das Video zu 80 % als Antwort genannt. Das erfreute die gesamte Belegschaft und wir bekamen neue, motivierte Mitarbeiter. Heutzutage muss man sich von anderen Betrieben abheben, um gute Mitarbeiter zu finden. Leider sind diese zur Seltenheit geworden.

Fazit: Die Mitarbeitermotivation spielt heute eine noch größere Rolle als früher.

Der Wiedererkennungswert Ihres Unternehmens sollte an verschiedenen Orten zu finden sein. Beispiele hierzu wären Autowerbung oder Außenreklame. Je öfter man von Ihnen liest, umso motivierter ist der Mensch, herauszufinden, was sich hinter der Werbung verbirgt.

Auch durch eine interessante schriftliche Stellenanzeige hebt sich Ihr Unternehmen von anderen ab. Hierzu eine kleine Anregung einer motivierenden Stellenausschreibung:

Eventmitarbeiter m/w/d

MUST-HAVE

- Organisations-Talent
- Angeborene Freundlichkeit
- Gute Menschenkenntnis
- Flexibilität
- Guter Umgang mit Microsoft Office
- Muttersprache: Deutsch

NICE TO HAVE

- Erfahrung im Verkauf
- Gute Englischkenntnisse
- Erste Erfahrung mit Vivenio Eventsoftware

SCHÖN, WENN DU DAVON SCHON EINMAL GEHÖRT HAST

- Incentives, Symposium, Webinar, Produktlaunch

WAS MACHT EIN EVENTMITARBEITER BEI UNS

Du bist die rechte Hand des Eventmanagers und unterstützt ihn bei seinen Aufgaben.

Du fungierst als Bindeglied zwischen Kunde und der internen Abteilung. Die Abwicklung von Angeboten und Vertragsabschlüssen ist dein tägliches Brot. Du hast Spaß, Spaß an deiner Arbeit sowie Spaß, mit deinem Team etwas zu erreichen. Du bist gemeinsam mit uns erfolgreich.

WAS BIETEN WIR DIR

Flexible Arbeitszeiten
Wir entscheiden im Team, wann wir arbeiten.

Voneinander lernen
Wir treffen uns regelmäßig und tauschen uns in den verschiedenen Abteilungen aus.

Gesunde Pausen
Bei uns stehen dir erfrischende Getränke und gesunde Snacks zur Verfügung, nur ein gesunder Mitarbeiter ist glücklich.

Gemeinsam sind wir stark
In regelmäßigen Meetings werden Ideen und Veränderungsvorschläge diskutiert und involviert.

Sportlich Fit
Unser internes Fitnessstudio sowie unsere Wellness-Oase stehen auch dir zur Verfügung.

Firmenevents

Auch wir lassen es mal richtig krachen und feiern unsere Erfolge.

Familienplanung: Kein Problem, ob Homeoffice oder Teilzeit – Familie steht auch bei uns an erster Stelle.

BEWIRB DICH JETZT!

DIE BEDÜRFNISSE ERKENNEN

Welchen Bedürfnissen wollen wir gerecht werden? Einer der wichtigsten Erwartungen in der heutigen Zeit ist die Sicherheit. Nachdem die Pandemie viele Mitarbeiter den Job gekostet hat, wünscht sich der Mitarbeiter einen sicheren Platz am Arbeitsmarkt. Auch die Kurzarbeit ist ein Sicherheitsfaktor, die Mitarbeiter müssen im Falle einer Pandemie oder einer anderen Katastrophe nicht entlassen werden.

Das nächste Thema wäre der Wohlfühleffekt. Die Einrichtung und Gestaltung des Arbeitsplatzes macht viel aus, denn wir verbringen viel Zeit an diesem Ort. Mit der richtigen Farbe an der Wand, Grünpflanzen im Büro, neuwertigen Arbeitstischen und dem richtigen Arbeitsequipment lässt es sich gleich viel besser arbeiten. Auch Teamkleidung oder eine Gemeinschaftsküche kann das Wohlbefinden stärken und unterstreicht sogar den Gemeinschaftssinn.

Das Betriebsklima spielt eine sehr große Rolle für einen Bewerber, mit Freundlichkeit und Akzeptanz erreicht man sehr viele Interessenten. Ein respektvoller Umgangston sollte selbstverständlich sein.

Work-Life-Balance! Wie oft haben Sie dieses Wort schon gelesen oder gehört? Das hat einen guten Grund, denn heutzutage ist das Privatleben doch wieder etwas Wichtiges geworden und somit sollten Sie dafür sorgen, dass es einen hohen Stellenwert in Ihrem Unternehmen hat.

Nicht zu vergessen ist die Gesundheitsförderung. Die Zurverfügungstellung von frischem Obst und einer gesunden Getränkebar macht sich für Ihre Mitarbeiter und für Sie bezahlbar. Ein gesunder Mitarbeiter ist weniger krank und wird dankbar sein, dass an seine Gesundheit gedacht wird.

Wenn Sie fortschrittlich sein möchten, sollte die Fitness nicht vergessen werden. Bieten Sie doch Ihren Mitarbeitern eine Sport-Mitgliedschaft an. Auch Gruppensport ist eine gute Alternative und stärkt den Mitarbeiterzusammenhalt.

Auch die Altersvorsorge spielt eine große Rolle für Ihre Mitarbeiter. Sie arbeiten ein Leben lang, damit sie sich im Rentenalter nicht mehr ums Geld sorgen müssen. Vermögenswirksame Leistungen oder eine private Rentenversicherung stehen hoch im Kurs.

Gleitzeit und flexible Arbeitszeiten – ein Luxus, für jeden Mitarbeiter selbst zu entscheiden, ab wann gearbeitet wird, sowie freie Dienstplangestaltung.

Haustiere im Büro – wie wir alle wissen, ist der Hund der beste Freund des Menschen. Für Hundebesitzer ist es immer schwer, ihren Vierbeiner allein zu Hause zu lassen. Wenn die Gegebenheiten in Ihrer Firma stimmen, erlauben Sie Ihren Mitarbeitern, Ihren Hund mitzunehmen. Das lockert das ganze Team zusätzlich auf und sorgt für Bewegung im Betrieb.

Um Ihren Mitarbeiter stets bei Laune zu halten, sollten auch Weiterbildungen und Seminare möglich gemacht werden. Ihr Mitarbeiter wird sich allein durch das Angebot motiviert fühlen. Einfach mal der Routine den Rücken zudrehen und das heimische Büro verlassen. Mit mehr Wissen und Erfahrung zurückkehren, um dann das Gelernte gleich umzusetzen.

Abwechslung bieten sogenannte Motto-Tage. Einmal im Monat Ihren Mitarbeitern durch kreative Vorschläge die routinemäßigen Arbeitstage durch ein

Tagesmotto auflockern, beispielsweise ein Eltern-Kind-Tag.

Auch die Familiensituation sollte nicht außer Acht gelassen werden. Kinderbetreuung oder eine betriebseigene Kita sind gerade für die Mütter sehr interessant und gehören zur Normalität, um Privatleben und Arbeit zu vereinen. Auch finanzielle Unterstützungen bei Privatschulen werden gern in Anspruch genommen.

Lassen Sie Ihren Mitarbeiter ein Teil Ihres Unternehmens werden. Durch Einbringung und Umsetzung eigener Ideen wächst die Betriebszugehörigkeit und der Mitarbeiter trägt zum Erfolg bei.

Der Firmenwagen gehört heutzutage nicht mehr zu den besonderen Benefits. Bei einer Bahnkarte oder einem Fahrradgutschein zeigen Sie Ihre umweltfreundliche Seite.

Mitarbeiter-Ausflüge oder Feiern sollte auch Bestandteil eines gesunden Miteinanders sein. Das Team wird dadurch für die gute Arbeit belohnt und zugleich stärkt es die Gemeinschaft.

Nun sprechen wir endlich über das gute Geld. Natürlich ist es für Ihre Mitarbeiter wichtig, sich auch finanziell abzusichern. Gehaltserhöhungen bei ausgezeichneter Arbeit oder Gewinnbeteiligungen und Provisionen bei Betriebserfolg sollten in regelmäßigen

Abständen angesprochen und ausgeschüttet werden. Alternativ kann man auch mit Gutscheinen punkten. Wertgutscheine oder Tankgutscheine werden auch als Mehrverdienst gewertet. Auch diese Alternativen haben einen hohen Stellenwert.

VERTRAG UNTERSCHRIEBEN, PERFEKTEN MITARBEITER GEFUNDEN

Da Sie Ihren perfekten Mitarbeiter gefunden haben, kann er anfangen, mit seiner ideenreichen Arbeit in Ihrem Unternehmen zu wachsen. Er ist nun ein wichtiger Bestandteil Ihres Unternehmens und das sollten Sie ihn auch spüren lassen. Dabei ist immer zu beachten, dass sich Ihr Mitarbeiter wohlfühlt, nur so kann er sich komplett entfalten und erfolgreich werden.

DIE PROBEZEIT

Die Probezeit befreit den Arbeitnehmer von gewissen Pflichten und vertraglichen Rechten. Aber warum ist die Probezeit so wichtig? In der Regel beträgt die Probezeit 3 bis 6 Monate. Die Zeit auf Probe ist dafür da, zu analysieren, ob der neue Mitarbeiter in den Betrieb und in das Team passt. Wir nutzen die Probezeit auch, um die Leistung und die Qualität des Mitarbeiters zu testen. Die Mitarbeiter verfügen über alle üblichen Rechte, wie zum Beispiel Lohnfortzahlung bei Krankheitsfall oder Einhaltung des Mindestlohns. Auch in der Probezeit kann der Mitarbeiter während des Krankenstandes nicht gekündigt werden. Es gelten die gesetzlichen Kündigungsfristen, wenn man nichts anderes im Vertrag festgehalten hat.

Das Management in der Probezeit eines Mitarbeiters sollte klar definiert sein. Mit einem Onboarding-System lässt sich der Einstieg für Ihren Mitarbeiter vereinfachen. Legen Sie klare Regeln und Standards fest und machen Sie Ihre Erwartung deutlich. Stellen Sie außerdem sicher, dass Ihre Mitarbeiter ausreichend geschult und vorbereitet sind, wenn das nicht der Fall sein sollte, sorgen Sie dafür, dass die Schulungen nachgeholt werden.

Klären Sie Ihren Mitarbeiter deutlich auf, dass es nicht negativ ist, wenn man merkt, dass diese Anstellung nicht zu ihm passt oder er es sich etwas anderes vorgestellt hat. Die Arbeit ist ein großer Teil unseres Lebens, daher sollte der Mitarbeiter diesen Teil gern in seinem Leben wissen und sich nicht Tag für Tag quälen. Das bringt dem Arbeitgeber sowie Arbeitnehmer auf die Dauer gar nichts. Geben Sie Ihren Mitarbeitern einen festen Termin für das Probezeit-Endgespräch. Nun entscheiden Sie, ob der Mitarbeiter seine Probezeit bestanden hat und Ihren Anforderungen entspricht. Sie können entweder eine Kündigung aussprechen oder ihm einen festen Vertrag anbieten. Sprechen Sie mit Ihrem Mitarbeiter offen über Verbesserungsvorschläge und teilen Sie auch Lob aus. Der Mitarbeiter wird für seine gute Arbeit gestärkt, aber erlebt auch das Interesse an Besserung aus der Chefetage.

DAS ONBOARDING-SYSTEM

Besonders die ersten Tage und Wochen sind für neue Mitarbeiter nicht immer leicht. Daher ist es ratsam, ein Onboarding für neue Mitarbeiter zu entwickeln. Das Wort Onboarding kommt aus dem amerikanischen und bedeutet „an Bord holen", um dem Mitarbeiter den Einstieg zu erleichtern. Der erste Schritt wäre die Begrüßung, durch eine nette Geste wie eine Willkommenskarte oder einen bereits eingerichteten Arbeitsplatz, lässt man neue Mitarbeiter bereits am ersten Tag dazugehören. Die Vorstellung bei den Kollegen und anderen Mitarbeitern ist natürlich genauso wichtig, auch wenn es am Anfang alles sehr viel erscheint. Um dem neuen Mitarbeiter die Eingewöhnung zu erleichtern, könnte man einen Platz im Betrieb finden, wo alle Mitarbeiter mit Foto und Berufsbeschreibung zu erkennen sind. Das kennt man von einem großen Elektronikmarkt zum Beispiel. Die wichtigen Ansprechpersonen sollten dann genauer vorgestellt werden, damit der Mitarbeiter weiß, mit wem er in Zukunft zu tun hat und wer für seine Fragen zuständig ist.

Mit einem Patensystem weist man ihm einen Kollegen zu, damit er lernt, wie er es gleich richtig macht. Außerdem macht das Patensystem die ersten Pausen erträglicher und man weiß, wohin man gehen muss. Im Vordergrund sollte auch die Unternehmensphilosophie stehen, Erklärungen von Strategien und Benennung der Betriebswünsche muss jeder Mitarbeiter wissen, denn dafür arbeitet er bei Ihnen. Die positive Stresssituation sollte man bei den neuen Mitarbeitern durch Forderungen nutzen, denn diese Mitarbeiter sind voller Energie, die genutzt werden will. Es ist hilfreich, eine kleine Dokumentation für den Mitarbeiter vorzubereiten, denn alles, was man an den ersten Tagen erzählt bekommt, kann sich niemand merken. In diese Mappe gehören auch die internen Abläufe hinein: Wie verhalte ich mich in verschiedenen Situationen? Wer ist mein Ansprechpartner für die unterschiedlichen

Belange? Das Onboarding sollte an Ihr Unternehmen angepasst werden und authentisch sein.

Eigene Erfahrungswerte

E ine großartige Erfahrung durfte ich während meiner Ausbildung zur Hotelfachfrau machen. An meinem ersten Tag im Hotel wurden wir uns gegenseitig vorgestellt. Alle waren anwesend – von der Hausdame bis zum Geschäftsführer sowie die anderen Auszubildenden.

Als die Vorstellungsrunde zu Ende war, wurden wir unserem Paten zugeteilt, diese waren bereits erfahrene Auszubildende.

Ihre Aufgabe war es, Ansprechpartner bei Fragen zu sein und uns die Unternehmensstrukturen näherzubringen.

Es hat viele Vorteile, von einem Mitarbeiter zu lernen, der bereits etwas gelernt hat, aber noch nicht zu lange im Unternehmen dabei ist. Das Interesse ist noch so groß, dass das Gelernte sehr gern weitergegeben wird. Für beide Seiten hat dieses Prinzip einen Mehrwert.

In meiner Probezeit fanden wiederkehrende Feedback-Gespräche mit meinem Chef statt. Mein „Pate" war stets anwesend und teilte sein positives Urteil über mich mit. Besonders gut erinnere ich mich an das erste Gespräch. Hierbei wurde ich gefragt, ob ich mich im Betrieb wohlfühlte und mir die Arbeit gefalle. Diese Frage konnte ich positiv beantworten. Mein Chef gab mir auf den Weg, dass es jedoch auch wichtig sei, sich einzugestehen, wenn man sich nicht wohlfühlt und diesen Beruf nicht erlernen möchte. In diesem Beruf sei es sehr wichtig, mit Spaß und Leidenschaft dem Gast gegenüberzutreten, damit dieser sich bei uns wohlfühlt. Diese zwei kleinen Worte „bei uns" ließen mich an der Gemeinschaft teilhaben. Ich hatte eine weitere Familie gefunden.

DIE VORBILDFUNKTION

„Herr Hansen", schallt es über den Flur.

„Wieso ist die Pumpe bei Frau Müller nicht abgeholt worden?

Ich hatte Sie doch gestern gebeten, dass für mich zu übernehmen, da ich so viel zu tun habe."

„Aber Chef", antwortet er kleinlaut. „Sie haben nicht erwähnt, dass ich die Pumpe bei Frau Müller abholen soll."

„Wollen Sie etwas behaupten, dass ich lüge?", erfragt der Chef mit rotem Kopf und rauer Stimme.

„Nein, nein ...", flüstert der eingeschüchterte Mitarbeiter.

„Hier ist auch niemand zu etwas zu gebrauchen, alles muss ich selbst machen", tadelt der wütende Chef und knallt die Bürotür zu.

Der neue Mitarbeiter Herr Hansen ist bedrückt und fragt sich, ob er nicht wirklich vergessen habe, was der Chef ihm gestern aufgetragen hatte. Unmotiviert geht er zurück an seine Arbeit und grübelt den ganzen Tag weiterhin nach, was er falsch gemacht haben könnte.

Nichts in demotivierender, als einen Chef zu haben, der nur Vorschriften macht und selbst nicht mitarbeitet. Wir kennen ihn alle, ein mies gelaunter, tadelnder Vorgesetzter, der nur negativ auf einen zu sprechen ist und die Drecksarbeit verteilt.

Nun fragen Sie sich bitte, warum Sie heute an Ihrem Platz sitzen! Ich gehe davon aus, dass Sie durch Fleiß und Leistung die Chefposition erreicht und mit Spaß die Herausforderung gemeistert haben. Aber Sie sollten niemals vergessen, wo Sie einmal angefangen haben. Nämlich ganz unten, wie Herr Hansen. Es ist verständlich, dass Ihre Mitarbeiter nicht immer alles wissen können und perfekt ausführen, sonst würden sie ja an Ihrer Position stehen, richtig? Fangen Sie an, die Führung zu übernehmen. Nicht mit Strafe oder Druck, sondern mit Verständnis und vor allem als Vorbild. Erklären Sie Ihren Mitarbeitern, wie es richtig gemacht wird, damit beim nächsten Versuch keine Fehler passieren. Sie werden schnell merken, wenn das Stresslevel singt und das Verständnis steigt, dass Ihre Mitarbeiter motiviert sind und auch Ihnen die Arbeit abnehmen, wenn Sie gar nicht damit rechnen. Und das mit Freude.

Die Routine

Mit gutem Beispiel voranzugehen, ist nicht nur der beste Weg, andere zu beeinflussen, es ist der einzige.

Albert Schweitzer, deutsch-französischer Arzt,
* 1875 † 1965

W ir alle kennen es: Routine und Langeweile am Arbeitsplatz. Aber das können
Sie mit kleinen Handgriffen verhindern.
Manchmal reicht ein kleiner „Tapetenwechsel" schon
aus, um Ihre Mitarbeiter wieder aus der Komfortzone
herauszulocken. Wechseln Sie doch mal die Kulisse.
Tauschen Sie die Büros untereinander oder wechseln
Sie die komplette Location. Sitzt der Mitarbeiter in seiner Komfortzone so sehr fest, dass er anfängt, über andere Abteilungen oder Kollegen zu philosophieren und

zu lästern, dann geben Sie ihm die Aufgabe sich mit der vorverurteilten Abteilung und Materie auseinanderzusetzen und mit dieser zusammenzuarbeiten. Das Verständnis für andere Bereiche und Kollegen folgt in der Regel schnell.

Ohne Ihr Team wären Sie nicht da, wo Sie heute sind. Also kämpfen Sie für Gerechtigkeit und Harmonie in Ihrem Betrieb. Auch, wenn man einen Fehler macht und den ersten Eindruck nicht richtig deutet, kämpft man an der Seite seines Teams und steht ihm in jeder Situation bei.

Jeder kann Fehler machen, ihn zu korrigieren ist die Kunst.

Hier ein kleines Beispiel

Herr Müller, Geschäftsführer von einem erfolgreichen Start Up Unternehmen, hat seit geraumer Zeit ein paar Unstimmigkeiten im Team bemerkt. Er beobachtete und versuchte herauszufinden, woran es liegt.

Vor einigen Jahren stellte er Frau Schulz zur Unterstützung in der Buchhaltung ein. Frau Schulz wurde gut ins Team integriert, so hatten die Mitarbeiter es von Ihrem Chef gelernt. „Harmonie und Fairness ist der Wink zum Erfolg", heißt die Firmenphilosophie.

Jedoch verhielt Frau Schulz sich etwas merkwürdig den Kollegen aus dem Vertrieb gegenüber. Ein weiterer Mitarbeiter hatte Herrn Müller berichtet, dass Frau Schulz auf den Vertrieb nicht gut zu sprechen war und er es unfair fände, da es die Harmonie im Team stört.

Als Herr Müller abends zu Hause am Esstisch saß, grübelte er, wie er die Situation ändern kann. Er lag die halbe Nacht wach und träume von der perfekten Lösung.

Am nächsten Morgen terminierte Herr Müller die monatliche Mitarbeiter Teamsitzung.

Zwei Tage später war es so weit.

Nach freundlichen, motivierenden Worten und die positiven Zahlen für den letzten Monat, war es Zeit für ein kleines Experiment, alle Mitarbeiter schauten sich erwartungsvoll an. Frau Schulz wirkte eher gelangweilt.

Es ging um einen Schnuppertag in einer anderen Abteilung, um die Firma noch besser verstehen zu können. Alle Mitarbeiter waren hell auf begeistert, außer..... Frau Schulz.

Wie der Zufall es natürlich wollte, wurde Frau Schulz in den Vertrieb versetzt und verbrachte ein paar

Tage in dieser Abteilung mit den Vertriebsmitarbeitern.

Nach ein paar Wochen und am Ende des Experiments folgte die positive Auswertung. Nach der monatlichen Teamsitzung wurden Erfahrungen und Erlebnisse geteilt.

Es fehlte Frau Schulz, Sie hatte in der Zwischenzeit kurz nach dem Experiment ohne Grund gekündigt.

Fazit: Nicht jeder Mensch ist so stark einen Fehler einzusehen, aber der Versuch, denjenigen Änderung zu ermöglichen, ist lobenswert.

Mobbing

Leider ein zu häufiges Thema. Lassen Sie es nicht zu, dass Mitarbeiter von anderen Mitarbeitern schikaniert werden. Zu Mobbing zählen:

- Beleidigungen
- Nötigungen
- Sexuelle Belästigung
- Diskriminierung
- Körperliche Gewalt
- Ignoranz.

Leider erkennen Führungskräfte einen Mobbingfall meistens zu spät, da Sie nicht kontinuierlich bei den

Mitarbeitern sind. Sie erkennen Mobbing an häufigen Fehlzeiten eines Mitarbeiters oder an einer verschlossenen Arbeitsweise. Sie sehen dem Opfer die Veränderung auf jeden Fall an. Auch Grüppchenbildung ist ein Zeichen für ein Mobbingopfer im Team. Oft sind Gründe für die Schikanen unorganisierte Arbeitsabläufe und zu viel Leerlauf. So haben die Mitarbeiter mehr Zeit, sich über andere Sachen Gedanken zu machen und aus Langeweile anzufangen, jemanden unfair zu behandeln. Auch Bevorzugungen können Neid verursachen und die Grundlage für eine Mobbingattacke werden. Seien Sie zu Ihren Mitarbeitern fair, damit so etwas nicht passieren kann.

Sollten Sie irgendwelche Anzeichen im Team wahrnehmen, suchen Sie das Gespräch mit den Beteiligten und Ihrem Team. Ergreifen Sie vorerst keinerlei Partei, sondern hören Sie sich die verschiedenen Versionen Ihrer Mitarbeiter an. Sollte sich herausstellen, dass es sich wirklich um einen Mobbingfall handelt, stellen Sie den schikanierenden Mitarbeiter vor die Wahl. Erklären Sie ihm, dass dieses Verhalten nicht erwünscht ist und es die Kündigung als Konsequenz mit sich bringt. Das Opfer erhält Ihren Zuspruch und das Ergebnis des vorhergegangenen Mitarbeitergesprächs. Sprechen Sie über dieses Thema offen im Team, ohne persönlich zu werden. Spielen Sie zum Beispiel eine Präsentation über Mobbing und dessen Konsequenzen ab. Die meisten Menschen wissen gar nicht, wozu dieses Thema führen kann und welches Ausmaß es hat. Anstatt Konkurrenzdenken und Ausgrenzungen zuzulassen, arbeiten Sie gemeinsam an den Zielen und Erfolgen des Betriebes. Hat Ihr Betrieb ein gesundes Miteinander und Ihre Mitarbeiter wissen, dass Sie offen mit Ihnen sprechen können, ist die Motivation umso größer, im Unternehmen zusammenzuwachsen.

Mythos Mitarbeiter- motivation

Natürlich steckt hinter jeder Wahrheit auch immer ein bisschen Irrglaube. Beim Thema Mitarbeitermotivation sprechen wir oft von den sogenannten Irrtümern. Es werden Behauptungen aufgestellt, widerrufen und richtig aufgeklärt.

MITARBEITERMOTIVATION IST CHEFSACHE!

Ja und nein! Natürlich muss der Chef dafür sorgen, dass alle Grundbedürfnisse für den Mitarbeiter befriedigt werden. Das beginnt bereits mit der Innenausstattung des Büros oder den angebotenen Weiterbildungsmaßnahmen. Der Chef muss aber nicht immer der sein, der die Motivation ausspricht und täglich motiviert. In einem großen Unternehmen ist es zum Beispiel die Aufgabe der jeweiligen Abteilungsleiter, die Mitarbeiter Tag für Tag neu zu motivieren und die Harmonie im Team zu bewahren. Vor allem aber muss jeder Mitarbeiter sich auch selbst motivieren. Das beginnt bereits mit der Berufswahl, arbeitet der Mitarbeiter gern in dieser Branche und in diesem Unternehmen, ist er natürlich auch motivierter als jemand, der seinen Beruf nicht leiden kann.

NICHT ALLE MITARBEITER LASSEN SICH MOTIVIEREN!

Das ist so nicht richtig. Es muss heißen, nicht alle Mitarbeiter lassen sich gleich motivieren. Dem einen reicht bereits ein kleines Lob, der andere möchte vorankommen und in der Firma wachsen. Menschen haben unterschiedliche Charaktere und somit auch unterschiedliche Vorstellungen von Motivation. Da spielt es wieder eine große Rolle, welchen Beruf der Mitarbeiter gewählt hat. Ein Mitarbeiter, der nicht gern zur Arbeit geht, lässt sich natürlich nicht so einfach motivieren wie ein Mitarbeiter, der jeden Tag seinen Traumjob ausführt und daran wachsen möchte. Da fängt es dann sicherlich bereits mit einer kleinen Portion Menschenkenntnis an.

 Im Vorstellungsgespräch kann man meistens bereits den Charakter und die Euphorie für den Beruf analysieren. Im Lauf der Zeit entwickelt man sowieso ein Händchen für jeden einzelnen Mitarbeiter. Durch Interesse-Zeigen kann man sogar vom Privatleben etwas in die Mitarbeitermotivation einfließen lassen.Zum Beispiel erfährt man vom Mitarbeiter A, dass sein Hobby Sport ist. Bei dem Mitarbeiterjahresgespräch soll dieser Mitarbeiter einen Bonus bekommen, da er hervorragende Arbeit geleistet hat. Ihm wird angeboten, dass er eine Mitgliedschaft bei seinem Wunschstudio abschließen darf und der Betrieb diese bezahlt. Für den Arbeitgeber sind 50 bis 100 € nicht viel, aber für einen einzelnen Mitarbeiter schon.

NUR GELD MOTIVIERT!

Dass der Mitarbeiter, der am meisten verdient, auch die höchste Arbeitsbereitschaft zeigt, ist eine Lüge. Da wären wir wieder bei dem Thema Eigenmotivation. Ein Mitarbeiter, der seinen Beruf mit Leidenschaft ausführt, ist einfacher zu motivieren als jemand, der nur zur Arbeit geht, weil er muss. Ein Mitarbeiter motiviert sich am meisten mit eigenem Erfolg, wird seine Arbeit von einem Kunden gelobt oder sein Projekt ausgewählt, ist es für diesen Mitarbeiter bereits eine große Motivation am Ball zu bleiben und sich zu verbessern.

SCHLECHTE NACHRICHTEN ZU ÜBERBRINGEN, IST NEGATIV

Viele Arbeitgeber sind immer noch der Meinung, dass eine schlechte Nachricht dem Mitarbeiter schadet, aber so ist es nicht. Eine negative Nachricht, zum Beispiel die geringen Verkaufszahlen, können sogar motivieren, und zwar im Team. Setzt man also eine positive Anforderung über eine negative Nachricht, sieht das Ganze schon gar nicht mehr so schwarz aus. Was war, kann sowieso niemand ändern, Sie können nur versuchen, mit Motivation und Zusammenhalt die Zielvorgaben so positiv zu verkaufen, dass die Mitarbeiter einen gewissen Ansporn erhalten und das Negative ins Positive umwandeln.

MITARBEITERMOTIVATION IN DER HEUTIGEN ZEIT

Da wir im Hier und Jetzt leben, sollten wir unsere Motivationswege den heutigen Gegebenheiten anpassen. Im Zeitalter von Homeoffice und Präsenzveranstaltungen fällt die Motivation natürlich ein bisschen anders aus, aber sie muss auf jeden Fall trotzdem vorhanden sein.

Die Pandemie hat Führungskräften neue Herausforderungen erteilt, dadurch ist die Mitarbeitermotivation schwieriger denn je. Seine Mitarbeiter ins Homeoffice zu schicken, ist die eine Sache, sie dort zu motivieren, ist etwas komplizierter.

Die aktuellen Arbeitsbedingungen, wie hybrides Arbeiten oder digitales Führen, haben in der heutigen Zeit sehr an Gewicht gewonnen. Für manche Menschen sind diese Wörter sogar totales Neuland und bedürfen einer kompletten Neustrukturierung durch Arbeitnehmer und Arbeitgeber. Für uns bedeutet es, die Mitarbeiter auch ohne persönlichen Kontakt zu führen und zum gemeinsamen Ziel zu leiten, um den Unternehmenserfolg zu sichern.

Der Schwund der sozialen Kontakte ist für uns alle sehr deprimierend und auf diese lange Zeit für manchen sogar gesundheitsschädigend. Die Mitarbeiter werden ins Homeoffice geschickt, um sich und die Kollegen zu schützen. Leider ist es für viele Mitarbeiter eine hohe psychische Belastung, was einige Studien zeigen. Die ganze Situation bringt aber auch positive Veränderungen mit sich. Die teilweise freie Zeiteinteilung und der Aspekt, zu Hause bei der Familie arbeiten zu dürfen, motivieren viele Mitarbeiter sehr. Der Mitarbeiter fühlt sich somit nicht mehr unter Stress gesetzt und muss ständig auf die Uhr schauen. So haben Sie die Möglichkeit, Ihre Mitarbeiter mit freier Zeiteinteilung und ohne ständige Beobachtung zu motivieren. Trotz allem sollte das Ziel nie aus den Augen gelassen werden.

Durch wöchentliche Meetings oder einen gesetzten Zeitplan unterstützen Sie Ihre Mitarbeiter trotzdem noch mit einer führenden Hand. Präsenzveranstaltungen sollten also immer noch auf der Tagesordnung stehen, zum einen, um das Miteinander zu stärken, und zum anderen, um immer auf dem aktuellen Stand zu sein. Sie können für Ihr Team immer mal wieder eine Präsentation vorbereiten, wie sich das Unternehmen entwickelt hat, so merken Ihre Mitarbeiter, dass Ihre Arbeit geschätzt wird und es sich lohnt, am Ball zu bleiben.

Nicht zu vergessen sind die Bereiche, die nicht von Homeoffice betroffen sind. Mitarbeiter von Krankenhäusern, Lebensmittelmärkten und Mitarbeiter im öffentlichen Dienst, wie zum Beispiel die Polizei, arbeiten unter extremen Bedingungen. Diese Mitarbeiter sollten auch die richtige Motivation bekommen, um nicht aufzugeben.

Dort sind Lob und guter Zuspruch immer etwas schwieriger, in solchen Situationen sollten Sie darüber nachdenken, einen Bonus auszuzahlen oder andere nützliche Benefits in Betracht zu ziehen. Sonderurlaub oder verkürzte Arbeitstage sind auch immer ein Anreiz für die Mitarbeiter, die momentan auf Hochtouren laufen.

Für alle Mitarbeiter zählt weiterhin Ihre Positivität. Sie sollten nicht in Demut verfallen und den Mitarbeitern das Gefühl geben, dass sich die Situation nicht mehr ändern wird. Wir sitzen momentan alle im selben Boot, wie man so schön sagt. Gemeinsam können wir die Pandemie überstehen und es wird damit auch hervorgehoben, wie wichtig der Zusammenhalt eigentlich ist.

MOTIVATIONSBEISPIELE IN DER ZEIT DER PANDEMIE

Homeoffice

Wer ins Homeoffice geschickt wird, sollte auch mit dem richtigen Equipment ausgestattet werden, das kann der Arbeitgeber zu 100 % absetzen. Wer freut sich nicht über einen neuen Laptop oder über moderne Multifunktionsgeräte. Die Mitarbeiter sollten auch wissen, dass sie im Homeoffice ein Teil von ihrer Miete und Internetkosten von der Steuer absetzen können.

Digitales Arbeiten

Jeder Arbeitnehmer sollte seinen Arbeitgebern ein Portal zur Teambesprechung einrichten, meistens läuft so was über Zoom oder Microsoft Teams. Den Mitarbeitern wird ein virtuelles Büro zur Verfügung gestellt, somit ist der Kontakt mit den Kollegen zumindest über den Computer gegeben. Außerdem hat man dann doch ein bisschen mehr Kontrolle über seine Mitarbeiter, damit auch wirklich gearbeitet wird.

Digitale Seminare

Es gibt zwei Varianten digitaler Seminare: das Präsenz-Schema und das Distanz-Schema. Seminare beruflicher Zwecke sind in Hotels erlaubt, holen Sie Ihre Mitarbeiter aus den vier Wänden heraus und vermeiden Sie einen Homeoffice-Koller.

Der Tapetenwechsel wird Ihnen und dem Team guttun und die Gemeinschaft wieder verstärken. Im Distanz-Schema gibt es auch Möglichkeiten, seine Mitarbeiter zu motivieren. Ein Beispiel hierfür wäre es, an jeden Mitarbeiter vor dem nächsten virtuellen Gespräch ein Paket zu verschicken. Den Inhalt können Sie selbst wählen. Verschicken Sie zum Beispiel ein neues Produkt Ihrer Firma zum Testen oder Sie verteilen Popcorn und Cola für die nächste Präsentation. Auf die

Kleinigkeiten im Leben und auf das Wissen, dass an einen gedacht wird, kommt es an.

Weiterbildungen

Jetzt hat man die Zeit, die Mitarbeiter mit allen wichtigen Information zu füttern. Weiterbildungen wurden schon vor der Pandemie oft digital abgehalten. Viele Mitarbeiter freuen sich, etwas Neues zu lernen und im Unternehmen aufzusteigen. Der Anreiz, sich zu verbessern, um eine Beförderung zu bekommen, ist auch gegeben.

Internationale Kollegen und Abläufe kennenlernen

Wer hat sich schon mal gefragt, wie die Kollegen im Ausland arbeiten. Wie sind dort die Strukturen und welche Erfolgserlebnisse sind dort zu sehen? Durch die Digitalisierung kann man Kollegen aus der ganzen Welt zuschalten. Bieten Sie Ihren Mitarbeitern an, sich einen Tag in England oder in Amerika mit einzuwählen, um auch die Größe der Firma kennenzulernen.

Eigene Ideen einbringen

Lassen Sie Ihr Team auch mal eigene Ideen auf die Tagesordnung setzen. Zum Beispiel kann man ein morgendliches Ritual abhalten, wie gemeinsames Yoga, oder einen Kochkurs. Abwechslung ist ein wichtiger

Bestandteil, wenn man schon die Kollegen nicht sehen darf, und ich kann mir gut vorstellen, dass Ihre Mitarbeiter sehr viele Ideen für das nächste Zoom-Meeting haben werden.

Etwas Neues lernen

Da es in manchen Branchen in der Corona-Zeit etwas ruhiger zugeht, kann man diese Zeit gut nutzen, etwas Neues zu lernen. Das kann betriebsintern sein, muss es aber auch nicht. Jeder Mensch hat sich doch schon mal Gedanken darüber gemacht, was wäre, wenn man einen anderen Beruf gelernt hätte oder in einer anderen Abteilung wäre. Manche Mitarbeiter sind in dem Unternehmen Quereinsteiger und haben vorher etwas ganz anderes gemacht.

ist immer sehr motivierend, sich neue Fähigkeiten anzueignen. Mitarbeiter könnten ihr Wissen an die Kollegen weitergeben. Abteilungen könnten getauscht werden, sodass jeder Mitarbeiter mal in eine andere Abteilung schnuppern kann. Das Verständnis für die Betriebsabläufe wird dadurch erweitert und das Team wächst noch mehr zusammen.

Urlaub und Überstunden abbauen

An den Luxus der Freizeit haben sich die Mitarbeiter schnell gewöhnt, doch trotz allem arbeitet man in der

Pandemie noch nach seinen vertraglichen Arbeitszeiten. Jetzt ist die beste Zeit, um die angesammelten Überstunden abzubummeln und auch die Urlaubstage loszuwerden, bevor sie im Folgejahr verfallen.

Fazit

S ie haben nun sehr viel über die Bedürfnisse und die Wünsche Ihrer Mitarbeiter gelesen. Wir haben sie analysiert und zu jedem Charakter eine passende Motivation gefunden. Ich denke, Sie haben bereits viele Ideen gesammelt, um diese Ratschläge gleich in die Tat umzusetzen. Jedoch fehlt noch ein sehr großes Thema, worüber ich noch schreiben und berichten möchte.

Die Eigenmotivation: Auch Sie müssen motiviert werden, jeden Tag aufs Neue Ihre Firma zu leiten und allen Mitarbeitern gerecht zu werden. Auch Sie dürfen Zweifel und Ängste haben, mit denen Sie Tag für Tag konfrontiert werden, dass meistens allein, um Ihre

Mitarbeiter nicht zu belasten. Auch Sie haben noch einen Chef, der auch nicht gerade ein Motivationstalent ist und der lieber mit Druck versucht, erfolgreich zu sein. Auch Sie müssen motiviert werden, um richtig führen zu können. Sie verdienen zwar mehr Geld als Ihre Mitarbeiter, aber wie wir bereits analysiert haben, macht Geld am Ende nicht lange glücklich und motiviert nur für kurze Zeit. Sie müssen immer wieder positiv daran erinnert werden, warum Sie dafür kämpfen, erfolgreich zu sein.

Aber warum ist die Eigenmotivation so schwer? In der heutigen Zeit, da wir alles haben, was wir uns wünschen, ist unsere Zielsetzung sehr gesunken. Jemand, der alles besitzt, ist wenig motiviert, weil er kein Ziel mehr vor Augen hat. Früher sah die Situation noch ganz anders aus, die Ziele waren viel schwerer zu erreichen als heutzutage. Ganz früher musste man sogar motiviert sein, um zu überleben. Alles das, wird uns heute ganz einfach gemacht, so einfach, dass es gar keine Anstrengung mehr braucht, seine Ziele zu verwirklichen. Genau deswegen müssen Sie sich die richtigen Ziele setzen, um Ihre Eigenmotivation zu erreichen. Jeder Mensch hat einen Plan, den er früher oder später umsetzen möchte, die sogenannten Ziele im Leben.

Als Sie Ihre Berufskarriere begonnen haben, haben Sie ein bestimmtes Ziel verfolgt. Sie wollten in Ihrem Beruf besser werden und sich bis in die Chefetage hocharbeiten. Jetzt, da Sie alle Ziele erreicht haben, ist es auf einmal sehr schwer, sich neue Ziele zu setzen, aber nicht unmöglich. Sie haben jahrelang dafür gearbeitet, dort zu sein, wo Sie jetzt sind. Haben Höhen und Tiefen erlebt und waren mehrmals bereits vor der Aufgabe. Aber Sie haben sich immer wieder selbst motiviert, das Ziel zu erreichen, was Sie sich gesetzt haben.

Was wollen Sie also nun noch erreichen? Sie wollen weiterhin erfolgreich sein mit Ihrem Unternehmen und Ihrem Team, durch Ihre motivierende Führung läuft Ihr Geschäft auf Hochtouren und ist ein voller Erfolg. Alles läuft routiniert und jeder Ihrer Mitarbeiter hat einen festen Standpunkt in Ihrem Unternehmen. Soll es das schon gewesen sein? Ist das das Ende Ihrer Berufsentwicklung? Das kommt ein bisschen darauf an, was Sie genau wollen. Manchen Menschen reicht diese Situation bereits aus und Sie machen weiter wie bisher. Nach einiger Zeit wird die Motivation aber schwinden, da sie keinem Ziel mehr nacheifern.

Es gibt mehrere Möglichkeiten, neue Zielsetzungen zu finden. Machen Sie sich doch mal Gedanken über Ihre private Situation. Haben Sie viel Zeit für Ihre

Familie und Ihre Freunde? Oder sind Sie so sehr mit Ihrem Arbeitserfolg beschäftigt, dass das Privatleben vernachlässigt wird? Nur Sie selbst können das ändern! In den meisten Fällen beginnt dort das Vertrauen in die Mitarbeiter und die Abgabe von Verantwortung. Wenn Sie Ihren Mitarbeitern vertrauen, lassen Sie diese für Sie arbeiten, um mehr Zeit in die Familie zu investieren und sich auf das Leben nach der Arbeit einzustellen. Das können Sie nicht? Dann haben Sie bereits ein Ziel gefunden, das Sie verfolgen können. Arbeiten Sie daran, Ihr Wissen an Ihre Mitarbeiter abzugeben, damit diese genauso erfolgreich werden, wie Sie es sind.

Diese Aufgabe wird keinem leichtfallen, der jahrelang um den Erfolg gekämpft hat. Sie sind jetzt ganz oben, weiter nach oben geht es nicht. Es geht nur wieder in eine andere Richtung, die Richtung der eigenen Ruhe und der eigenen Zufriedenheit. Stellen Sie sich doch mal vor, Sie könnten genau denselben Stand haben wie jetzt. Aber ohne 12 Stunden am Tag im Büro zu sitzen. Ist es nicht ein hervorragendes Ziel, was man auf jeden Fall haben sollte? Irgendwann ist das Arbeitsleben vorbei, dass dürfen Sie nicht vergessen. Wenn Ihnen Ihr Geschäft wichtig ist und Sie mit Ihren Mitarbeitern zufrieden sind, dann gestalten Sie die

Arbeitsabläufe so, dass der Erfolg auch ohne Ihre dauerhafte Präsenz funktioniert. Dieses Ziel erfordert eine gewisse Zeit und kann natürlich in kleinen Schritten erarbeitet werden.

Zuallererst sollten Sie akzeptieren, dass Sie sich nicht um alles kümmern müssen. Es ist wichtig, dass Ihre Mitarbeiter an der Verantwortung wachsen dürfen und Sie das Wachstum unterstützen. Es wird Ihnen am Anfang sehr schwerfallen und wehtun, wenn Sie merken, dass Sie nicht mehr gebraucht werden. Aber bedenken Sie doch auch mal die andere Seite: Junge, motivierte Mitarbeiter bringen natürlich frischen Wind in die Firma. Neue Ideen, neue Konzepte, neue Erfolge. Sie werden trotzdem am Ende immer wieder derjenige sein, der es absegnen wird. Gewisse Veränderungen können sich positiv auf Ihren Erfolg und auf den Erfolg Ihrer Firma auswirken.

Ihr Ziel sollte es außerdem sein, Ihren Mitarbeitern zum Erfolg zu verhelfen. Das Ziel Ihrer Mitarbeiter ist es, dort zu sitzen, wo Sie sitzen, den Erfolg zu haben, den Sie haben. Nach einiger Zeit werden Sie sehen, dass Ihr Unternehmen immer noch erfolgreich ist, obwohl Sie viel Verantwortung bereits abgegeben haben. Gute Mitarbeiter merken, wann Ihr Chef eine Auszeit braucht, und versuchen natürlich alles, um Sie zufrieden zu stimmen. Sie werden öfter unbemerkt „ausgeladen", da Sie vielleicht nicht mehr ganz zeitgemäß herüberkommen. Nehmen Sie das Ihren Mitarbeitern nicht übel, zu Ihrer Zeit waren Ihre Methoden angesagt, aber mit der Zeit entwickeln sich auch die Bedürfnisse der Kunden weiter. Und genau das wissen Ihre Mitarbeiter. Durch den Input Ihres Teams können Sie Ihr Geschäft in eine neue Dimension wachsen lassen. Wir müssen alle mit der Zeit gehen und sollten nicht auf der Stelle stehen bleiben. Sie werden Tag für Tag merken, dass Ihnen diese Aufgabe immer leichter fallen wird, und Sie werden in eine Art Zufriedenheit versetzt, die Sie so noch nicht kannten.

Wie kann es sein, dass die Zahlen oder die Resonanzen trotz Ihrer Abwesenheit ständig steigen? Sie merken das erste Mal, dass Sie Ihren Mitarbeitern so ein guter Mentor waren, dass sie all das Gelernte genauso umsetzen, dass Ihr Betrieb erfolgreich bleibt und sogar noch erfolgreicher wird. Sie haben das geschafft, wovon jeder Chef träumt: Sie haben Ihre Arbeitsmoral, Ihr Wissen und Ihre Erfahrungen an Ihre Mitarbeiter so weitergegeben, dass diese es genauso leben und umsetzen. Sie haben durch Motivation Ihre Mitarbeiter davon überzeugt, für die Ziele im Leben zu kämpfen und erfolgreich zu sein. Ist diese Zeit dann gekommen und Sie geben Ihre Position an einen Mitarbeiter weiter, haben Sie es geschafft, Ihre innere Ruhe zu finden. Mit dem Glauben an Ihre Mitarbeiter und der Besetzung des neuen Geschäftsführers haben Sie bewiesen, wozu Vertrauen und Motivation führen können. Ich kann Ihnen auf jeden Fall versprechen, dass Ihr Name noch sehr oft erwähnt werden wird und das vielleicht sogar ein Foto von Ihnen im Büro hängen wird, als Macher des Erfolges.

Die Entwicklung, die Ihre Firma nun macht, baut auf Ihre Führung und auf den Umgang mit Ihrem Team auf. Sie haben bewiesen und gezeigt, dass jeder einzelne Mitarbeiter ein wichtiger Bestandteil des Unternehmens ist. Durch Ihre positive Leidenschaft und Anerkennung an Ihre Mitarbeiter haben Sie die wichtigste Grundlage weitergegeben. Erfolg bewährt sich nur in einer Gemeinschaft und dafür lohnt es sich zu kämpfen.

Studie der ManpowerGroup

Zum Schluss schauen wir uns eine Studie von der ManpowerGroup an. Die Manpower Group befragte zum Thema Mitarbeitermotivation circa 1000 Arbeitnehmer.

Bei 82 Prozent der Deutschen hängt die Arbeitsmoral vom Arbeitsumfeld ab. Eine positive Arbeitsatmosphäre ist für 46 Prozent ausschlaggebend für die Moral. Rund 34 Prozent der Befragten gaben an, dass Flexibilität der Arbeitszeiten und freie Zeiteinteilung einen hohen Stellenwert haben. Die Mehrheit reagierte positiv auf kostenfreie Getränke und guten Kaffee am

Arbeitsplatz. 24 Prozent der Arbeitnehmer bestätigten, dass die Teamarbeit im Vordergrund stehen sollte. 64 Prozent würden die Wertschätzung sogar der Gehaltserhöhung vorziehen und 55 Prozent der Befragten würden auch Geldeinbußen in Kauf nehmen, wenn Sie die Arbeitstage auf 4 Tage in der Woche reduzieren könnten.

Es gibt viele Studien zur Mitarbeitermotivation, aber die meisten fallen immer ähnlich aus. Wir können mit gutem Gewissen sagen, dass wir gemeinsam durch Motivation auf dem richtigen Weg sind, erfolgreich zu sein. Dieses Wissen können Sie nun nutzen, um auf ganz eigene Weise Ihren Motivationsweg zu finden und diesen in Ihrem Unternehmen einzubringen. Lassen Sie sich nicht entmutigen, wenn nicht alles auf Anhieb funktionieren sollte. Eine Umstrukturierung bedarf etwas Zeit und Fingerspitzengefühl. Denken Sie immer daran, dass Sie nicht alles allein bewältigen müssen. Sie haben Ihr Team an Ihrer Seite – zur Unterstützung. Der Wille, von Ihrer Seite etwas zu ändern, ist schon ein großer Schritt zur Mitarbeitermotivation.

Herstellung und Verlag:

BoD – Books on Demand, Norderstedt

ISBN: 9783754330838

FSC

www.fsc.org

MIX

Papier aus ver-
antwortungsvollen
Quellen
Paper from
responsible sources

FSC® C105338